Kristina Scharmacher-Schreiber ist studierte Germanistin und lebt als freie Autorin und Übersetzerin im Ruhrgebiet. Am Sachbuchschreiben liebt sie besonders die Vielfalt der Inhalte, die sie den Kindern vermitteln darf. Für sie gibt es nämlich kaum etwas Wichtigeres, als zu verstehen, was auf unserem Zuhause, der Erde, passiert. Ihr bei Beltz & Gelberg erschienenes Kindersachbuch zum Klimawandel »Wie viel wärmer ist 1 Grad?« wurde vielfach ausgezeichnet.

Lena Hesse ist gelernte Printmediengestalterin und studierte Illustration und Fotografie in Münster und Valencia. Nach dem Studium ging sie zwei Jahre lang auf Reisen und zeichnete unterwegs alles, was stillhielt – und später, mit ein wenig Übung, auch alles, was sich bewegte. 2012 fand sie ein Zuhause in Berlin und arbeitet dort freischaffend als Illustratorin und Autorin für Kinderbuchverlage.

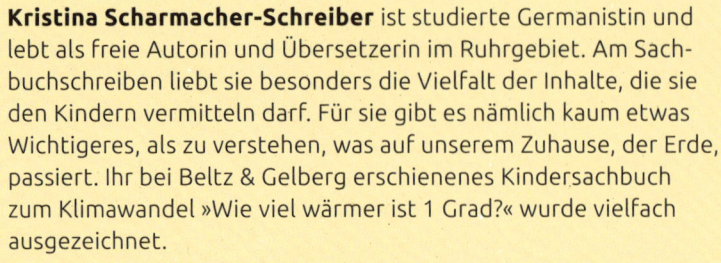

FSC www.fsc.org FSC® C089473
RECYCLED
Papier aus Recyclingmaterial

Dieses Buch wurde umweltfreundlich ausgestattet. Es verzichtet auf eine Folienkaschierung und wurde mit mineralölfreien Cradle-to-Cradle-zertifizierten Druckfarben auf 100% Recyclingpapier gedruckt.

Dieses Buch ist erhältlich als:
ISBN 978-3-407-75650-3 Print

© 2022 Beltz & Gelberg
in der Verlagsgruppe Beltz · Weinheim Basel
Werderstraße 10, 69469 Weinheim
Alle Rechte vorbehalten
Einbandgestaltung und Illustration: Lena Hesse
Lektorat: Matthea Dörrich
Neue Rechtschreibung
Herstellung: Nancy Aprile
Druck und Bindung: Beltz Grafische Betriebe, Bad Langensalza
Beltz Grafische Betriebe ist ein klimaneutrales Unternehmen (ID 15985-2104-100).
Printed in Germany
1 2 3 4 5   26 25 24 23 22

Weitere Informationen zu unseren Autor_innen und Titeln finden Sie unter:
www.beltz.de

Kristina Scharmacher-Schreiber

Lena Hesse

WAS IST ZUHAUSE?

Vom Wohnen, Leben, Weggehen und Ankommen

BELTZ & Gelberg

Wie fühlt sich Zuhause an?

Alle wollen sich irgendwo zu Hause fühlen.

Das kann in den eigenen vier Wänden sein, die einen warm halten und vor Wind und Regen schützen.

Zuhause kann ein Ort sein, den man schon in- und auswendig kennt. Oder ein neuer, den man auf Anhieb gern mag. Man kann sich bei Menschen zu Hause fühlen. Bei seiner Familie oder bei Freunden. Bei Leuten, mit denen man lachen und weinen kann.

Auch Gerüche oder Geräusche können einem ein Gefühl von zu Hause geben. Zum Beispiel der Duft von Opas Plätzchen, das Knarren der Haustür oder das Blätterrascheln im Wald.

Menschen wohnen ganz unterschiedlich.

In Deutschland gibt es
für ungefähr 83 Millionen
Einwohner etwas mehr
als 40 Millionen Wohnstätten.
Viele Menschen leben in
Mehrfamilienhäusern.

In einem Mehrfamilienhaus
gibt es mindestens zwei
Wohnungen. Oft sind es aber
viel mehr, in großen Wohnblocks
oder Hochhäusern manchmal
sogar Hunderte.

Ungefähr eine von drei Familien in Deutschland wohnt in einem Einfamilienhaus, hat also ein Haus ganz für sich allein.

Schlafen, essen, baden, spielen – für alles gibt es einen eigenen Raum. Die meisten Wohnungen oder Häuser bestehen aus Wohn- und Esszimmer, Küche, Bad und ein, zwei oder mehr Schlafzimmern. Manchmal gibt es einen Garten oder einen Balkon. Viele Kinder haben ein Zimmer für sich allein oder teilen es sich mit ihren Geschwistern. In Deutschland hat jedes Familienmitglied ungefähr 47 Quadratmeter zur Verfügung. Das ist viel mehr Platz als vor etwa 70 Jahren, als Oma und Opa Kinder waren.

Damals waren die Familien meist größer, aber die Wohnungen kleiner. Oft gab es für alle nur ein Schlafzimmer. Die Wohnküche war für alles Mögliche gleichzeitig da, zum Beispiel zum Kochen, Gemütlichmachen und Baden. Viele Menschen hatten kein Badezimmer, sondern ein Plumpsklo im Hof. In Mehrfamilienhäusern mussten sich mehrere Familien eine Toilette im Treppenhaus teilen. Kinderzimmer einzurichten, konnten sich früher nur wohlhabende Menschen leisten.

Ein Zuhause kostet Geld

Etwas mehr als die Hälfte der Menschen in Deutschland wohnt zur Miete. Das Haus oder die Wohnung gehören jemand anderem und man bezahlt fürs Wohnen jeden Monat eine bestimmte Menge Geld. Im Mietvertrag werden außerdem Regeln festgehalten, etwa, ob man Haustiere haben darf.

Trotzdem ist es auch praktisch, sein Zuhause zu mieten. Zum Beispiel, wenn etwas kaputtgeht oder renoviert werden muss. Dann kümmern sich die Vermieter darum. Außerdem kann man jederzeit wieder umziehen.

Gehört einem das eigene Zuhause, darf
man selbst bestimmen. Manche erben ihr
Zuhause von ihren Eltern oder Großeltern.
Andere kaufen vielleicht eine Wohnung
oder lassen sich ein Haus bauen. Dafür
braucht man erst einmal ein passendes
Stück Land, auf dem man bauen darf.
Man braucht die Hilfe einer Architektin,
die alles plant, und sehr viele Handwerker.
Ob man ein altes Haus kauft oder ein
neues baut, beides kostet jede Menge
Geld.

In Europa wohnt knapp
ein Drittel der Menschen zur Miete.

Gut zwei Dritteln der Menschen
gehört ihr Wohnraum.

Kaufpreise und Mieten sind unterschiedlich hoch. In manchen Städten ist es ganz normal, dass sich Hunderte von Menschen für eine Wohnung oder ein Haus interessieren. Dann muss man sehr viel dafür bezahlen. Menschen, die nicht so viel Geld haben, können deshalb nicht mehr dort wohnen, wo es ihnen gefällt oder wo sie arbeiten. Andere müssen in maroden Wohnungen bleiben oder sich ihren Wohnraum mit vielen Menschen teilen.

So viel Papierkram: Mietschuldenfreiheit, Einkommensnachweis, SchuFa, Personalausweis ...

Was ist denn hier los? Hat jemand Geburtstag?

Nein, hier wird eine Wohnung frei.

Ein Schnäppchen! 65 qm Altbau, sogar mit Balkon, für nur 850 Euro!

Du liebe Zeit! Das ist ja viermal so viel wie früher, als wir hierher-gezogen sind!

In Deutschland gibt man im Schnitt ein Viertel seines Einkommens für Miete aus.

In Großstädten sogar ein Drittel und es wird immer mehr.

Und im Dorf, in dem meine Eltern leben, steht alles leer.

Was kann der Staat tun, damit die Mieten für viele bezahlbar bleiben? Einige Städte testen eine Mietpreisbremse. Sie regelt, dass Mieten nur in einem bestimmten Rahmen erhöht werden dürfen. Außerdem ist es in manchen Städten verboten, aus Wohnungen und Häusern Ferienwohnungen oder Büros zu machen, anstatt darin zu leben.

Wenn Menschen sehr wenig Geld haben, hilft ihnen der Staat, denn eine Wohnung braucht jeder. Sie können Wohngeld beantragen, um ihre Miete zu bezahlen, oder in Sozialwohnungen leben, die vom Staat gefördert werden und deshalb nicht so teuer sind.

Stadtviertel mit niedrigen Mieten verändern sich
manchmal so stark, dass ihre Bewohner nach und
nach aus ihren Wohnungen verdrängt werden.
Das nennt man Gentrifizierung. Oft beginnt die
Gentrifizierung mit Künstlern und jungen Menschen.
Da sie nicht viel Geld verdienen, ziehen sie in Viertel,
in denen die Mieten besonders günstig sind.

Dort eröffnen sie Galerien oder Cafés, sodass andere
Leute auf das Viertel aufmerksam werden. Manche
von ihnen sind bereit, mehr Miete zu bezahlen.
Außerdem werden die jungen Menschen älter,
schließen ihre Ausbildungen ab und haben irgendwann mehr Geld. Häuser und Wohnungen werden
renoviert und noch teurer vermietet. Irgendwann
können sich die Menschen, die schon lange in dem
Viertel wohnen, nicht mehr leisten, dort zu bleiben.

Zu Hause ist es (oft) sehr schön

Zuhause ist ein Ort, an dem man sein darf, wie es einem gefällt. Man kann spielen, singen und tanzen, Quatsch machen und weinen, sich freuen oder wütend sein. Manchmal liebt man es trubelig und laut. Man lädt Besuch ein und feiert Feste.

... and with yooooouuuu I feel at hoooooome ...!

Uhh!

Ahhh!

Manchmal möchte man sich zurückziehen. Seine Ruhe haben und sich in den Lieblingssessel kuscheln, tagträumen und lesen. Wenn man nicht mehr zu Hause sein möchte, dann geht man weg, zum Einkaufen, zur Schule oder zu Freunden. Es kann schön sein, danach wiederzukommen und die Tür hinter sich zuzumachen.

Manchmal muss man zu Hause bleiben, obwohl man das gar nicht möchte. Vielleicht, weil draußen ein schlimmer Sturm tobt. Weil man eine ansteckende Krankheit oder eine Verletzung hat. Oder weil die Eltern wollen, dass man lernt oder aufräumt. Dann kann einem das Zuhause auch mal auf die Nerven gehen.

Sich ein eigenes Zuhause zu schaffen, ist manchmal ein richtiges Abenteuer! Man kann drinnen aus Kissen und Decken eine Bude bauen, sie mit allem einrichten, was man braucht, und sich den ganzen Tag darin verkriechen. Hat man irgendwann genug gekuschelt, Hörspiel gehört, mit der Taschenlampe gelesen oder mit Keksen herumgekrümelt, lädt man vielleicht Besucher zur Budenbesichtigung ein.

Wenn man sucht, findet man draußen Höhlen oder geheime Verstecke.

Dort kann man sich gemütlich einrichten. Vielleicht baut man sogar ein Baumhaus.

Oder man räumt einfach sein Zimmer um und probiert aus, wie es einem am besten gefällt.

Das Zuhause war nicht immer ein privater Rückzugsort.
Früher war es normal, zu Hause zu arbeiten. Vor allem
auf Bauernhöfen und in Handwerksbetrieben wie
Bäckereien oder Tischlereien wohnte und arbeitete
man im gleichen Haus. Die Angestellten lebten mit der
Familie unter einem Dach, zum Beispiel die Mägde
und Knechte des Bauern oder die Gesellen und Lehrlinge
des Bäckermeisters.

Erst als vor etwa 250 Jahren mit der Industrialisierung viele Fabriken entstanden, begann man nach und nach, Wohn- und Arbeitsort zu trennen.

Bis heute gehen die meisten Menschen aus dem Haus, um ihren Beruf auszüüben, und verbringen zu Hause ihre Freizeit.

Durch Telefon, Internet und Laptops kann man aber inzwischen wieder in vielen Berufen von zu Hause arbeiten.

Heimelig! Vertraute Menschen und Gewohnheiten

Cheeeeeese!

Andere Menschen sind für das
Zuhause-Gefühl ganz wichtig.
Das können zum Beispiel Nachbarn
sein oder Mitbewohner in einer
Wohngemeinschaft.
Die meisten Kinder leben mit ihren
Eltern und Geschwistern zusammen.
Manche wohnen auch einige Tage in
der Woche bei einem Elternteil
und die restlichen beim anderen.
Dann haben sie zwei Zuhause.

In den geraden Wochen
bei Papa

In den ungeraden bei
Mama und Jean

Bei Oma in allen Monaten,
die mit »M« anfangen

Wir kommen bald wieder zu Besuch.

Früher lebten oft Oma und Opa und andere Verwandte mit im Haus. Heute ist das nur noch selten so.

Mein Zuhause ist bei Ico und Kai. Kais Kinder sind auch alle zwei Wochen da.

Manche Kinder haben keine leiblichen Eltern oder Verwandte mehr oder können nicht bei ihnen wohnen. Dann geben das Kinderheim, Adoptiveltern oder eine Pflegefamilie ihnen ein Zuhause.

Ich hab euch adoptiert.

Ganz ehrlich: Am schönsten find ich es allein.

Mein Mitbewohner heißt Schnuffi.

Man kann andere zu sich einladen und ihnen zeigen, wie man lebt und wo man sich zu Hause fühlt. Dann kann man endlich das Spiel spielen, für das man mehr als vier Leute braucht. Und Oma bewundert das Fahrrad, das man zum Geburtstag bekommen hat.

Zieht euch
Hausschuhe
an, ja?

Wenn man selbst zu Besuch
ist, findet man vielleicht
einige Dinge ungewohnt,
weil sie anders sind als zu
Hause. Zum Beispiel, dass
man bei Opa nicht im Wohn-
zimmer essen darf oder man
bei der Cousine die Schuhe
vor der Tür ausziehen muss.

Daran, dass die Tante nie schimpft
oder dass es beim besten Freund
jedes Wochenende Schokocreme
zum Frühstück gibt, gewöhnt man
sich aber ziemlich schnell. Manche
Menschen besucht man so gern
und so oft, dass man sich bei ihnen
auch ein bisschen zu Hause fühlt.

Nicht schon wieder Spinatauflauf!

Bestimmte Gerichte schmecken nach zu Hause, weil sie uns an schöne Feste, liebe Menschen oder gemütliche Abende erinnern. Zum Beispiel, wenn jedes Jahr am 24. Dezember Uromas Kartoffelsalat auf den Tisch kommt. Oder wenn beim Zuckerfest das Baklava so herrlich an den Zähnen klebt.

Das sind die beliebtesten Weihnachts-essen in Deutschland:

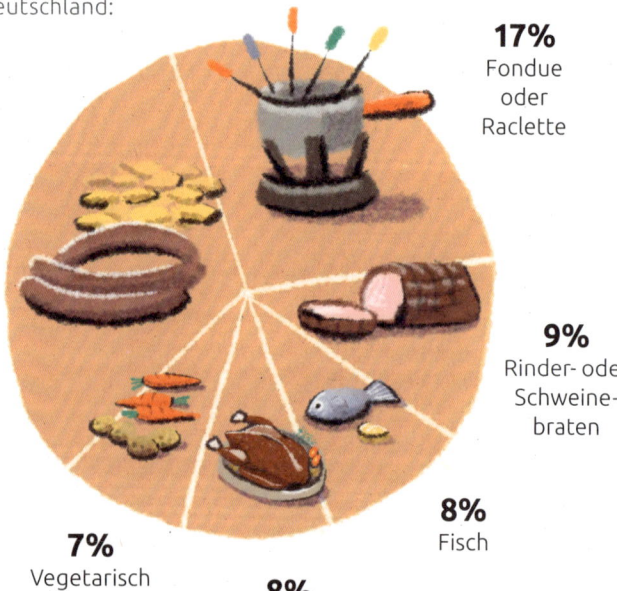

17%
Fondue oder Raclette

19%
Würstchen mit Kartoffelsalat

9%
Rinder- oder Schweine-braten

8%
Fisch

7%
Vegetarisch oder vegan

8%
Gänse- oder Entenbraten

Gemeinsam am Esstisch zu sitzen, zu essen
und zu erzählen, ist sehr gemütlich. Manchmal
schmeckt einem das Essen aber vor dem
Fernseher oder hinter einem Buch am besten.

Dinge, die immer gleich sind, geben einem das Gefühl von Sicherheit und Vertrautheit.
Das kann der Obstteller sein, den Papa einem an den Badewannenrand bringt. Die Einschlafmusik, die die große Schwester abends anmacht. Der Geburtstagstisch, der jedes Jahr gleich dekoriert ist. Der Kuss, den Mama einem jeden Morgen an der Haustür gibt. Oder die Musik, die sonntags beim Frühstück läuft. Einige Rituale verändern sich mit den Jahren, an anderen halten wir fest.

Wo wir wohnen

In Deutschland leben die meisten Menschen
weder in einem Dorf noch in einer Großstadt.
Mehr als die Hälfte der Deutschen ist in kleinen
oder mittelgroßen Städten zu Hause.

Bis
20.000
Einwohner:
Kleinstadt

Bis 100.000
Einwohner:
Mittelstadt

In den letzten Jahrzehnten sind viele Leute vom Land in die Stadt gezogen. Dort gibt es mehr Arbeitsplätze und man muss oft nur kurze Wege zurücklegen. Büro, Schule, Spielplatz, Kindergarten, Supermarkt, Cafés, Museen oder Theater: Alles ist in der Nähe. Dafür gibt es draußen auf dem Land mehr Platz zum Wohnen und Spielen. Viele Leute haben einen Garten und überall findet man Wege zum Radfahren, Wiesen für Wettrennen oder Bäume zum Klettern.

Deshalb und weil das Wohnen in der Stadt sehr teuer geworden ist, ziehen mittlerweile immer mehr Menschen wieder raus aus der Stadt in nahe gelegene Dörfer oder Vororte.

Eine vertraute Umgebung gibt einem ein
Gefühl von Sicherheit und Geborgenheit.
Dazu gehören nicht nur die Häuser, in
denen wir leben, sondern auch Orte, die
alle gemeinsam nutzen. Das können
Innenhöfe sein, Grünflächen, Parks oder
verkehrsberuhigte Straßen, wo Kinder in
Ruhe spielen und Erwachsene die frische
Luft genießen.

Mehrgenerationenhäuser oder Jugend-
zentren bieten die Möglichkeit, sich
auszutauschen und gegenseitig zu unter-
stützen.

Erst zur Bücherei,
danach ins Freibad.
Und du?

Zur
Hundewiese.

Es ist wichtig, dass genügend
Kindergärten, Schulen, Ärzte
und Einkaufsmöglichkeiten in
der Nähe sind.
Und öffentliche Verkehrsmittel
und Radwege, damit man all das
schnell erreichen kann.

Wenn man selbst etwas in seiner
Umgebung verändern möchte, gibt
es unterschiedliche Möglichkeiten,
seine Ideen mit einzubringen. Stadt-
teilbüros bieten Gesprächsrunden an,
man kann E-Mails und Briefe schreiben oder Unterschriften sammeln.

BÜCHEREI

FREIBAD
RETTEN

Sind unsere Häuser schädlich für die Umwelt?

Immer wenn irgendwo neue Gebäude, Straßen, Fabriken oder Parkplätze gebaut werden, muss dafür ein Stück Natur weichen. In Deutschland hat sich die bebaute Fläche in den letzten 60 Jahren mehr als verdoppelt. Zurzeit kommen jeden Tag ungefähr 52 Hektar hinzu, so viel wie 73 Fußballfelder.

Nanu? Hier war doch neulich noch eine Wiese.

Tiere und Pflanzen haben immer weniger Lebensraum. Der Boden, der unter Beton oder Asphalt verschwindet, kann kein Wasser mehr aufnehmen oder filtern.

Während vor allem um Städte herum viel neu gebaut wird, stehen woanders alte Häuser leer. Für die Umwelt ist es besser, die alten Gebäude zu renovieren. Wenn man neue Häuser bauen muss, kann man darauf achten, möglichst wenig Fläche zu verbrauchen, zum Beispiel, indem man höhere und dafür schmalere Häuser baut.

Blockhaus im Gebirge

Früher haben Menschen ihr Zuhause mit den Materialien gebaut, die in der Nähe vorhanden waren. Bis heute gibt es am Meer mit Schilf gedeckte Reetdachhäuser und in den Bergen Blockhäuser, die aus dem Holz der umliegenden Nadelwälder bestehen.

Außerdem wurden Häuser schon immer an Lebensweise und Klima angepasst. Auf dem Land brauchte man ein Zuhause mit viel Platz, denn Mensch und Vieh wohnten unter einem Dach. Als mehr Menschen in die Städte zogen, wurde es dort eng, und man baute immer höhere Häuser.

Reetgedecktes Haus in Norddeutschland

Kuppelförmige Lehmhäuser
in Syrien

Schwimmendes Hausboot
in Indonesien

In besonders warmen Regionen, zum Beispiel in afrikanischen Ländern, Syrien oder dem Jemen, leben viele Menschen in Häusern mit dicken Lehmwänden, die vor Sonne und Hitze schützen. Wo es sehr viel Schnee oder Regen gibt, stehen Häuser manchmal auf Stelzen, damit sie nicht nass werden. Einige Häuser können sogar schwimmen.

Stelzenhaus in Vietnam

Beim Renovieren und Bauen von Häusern verbraucht man heute oft umweltschädliche Rohstoffe und Materialien. Natürliche Baumaterialien wie Lehm, Ziegel oder Natursteine werden auf umweltschonende Weise hergestellt und können später ebenso umweltschonend wieder entsorgt werden. Wenn das Baumaterial aus der Nähe stammt, spart man außerdem Transportwege.

Beton besteht aus Kies, Wasser, Zement und Sand. Bei seiner Herstellung entsteht sehr viel CO_2.

Um genug Sand für Beton zu gewinnen, werden inzwischen ganze Strände und Teile vom Meeresboden abgetragen!

Man kann die Umwelt nutzen,
um sein Haus mit Energie zu versorgen.

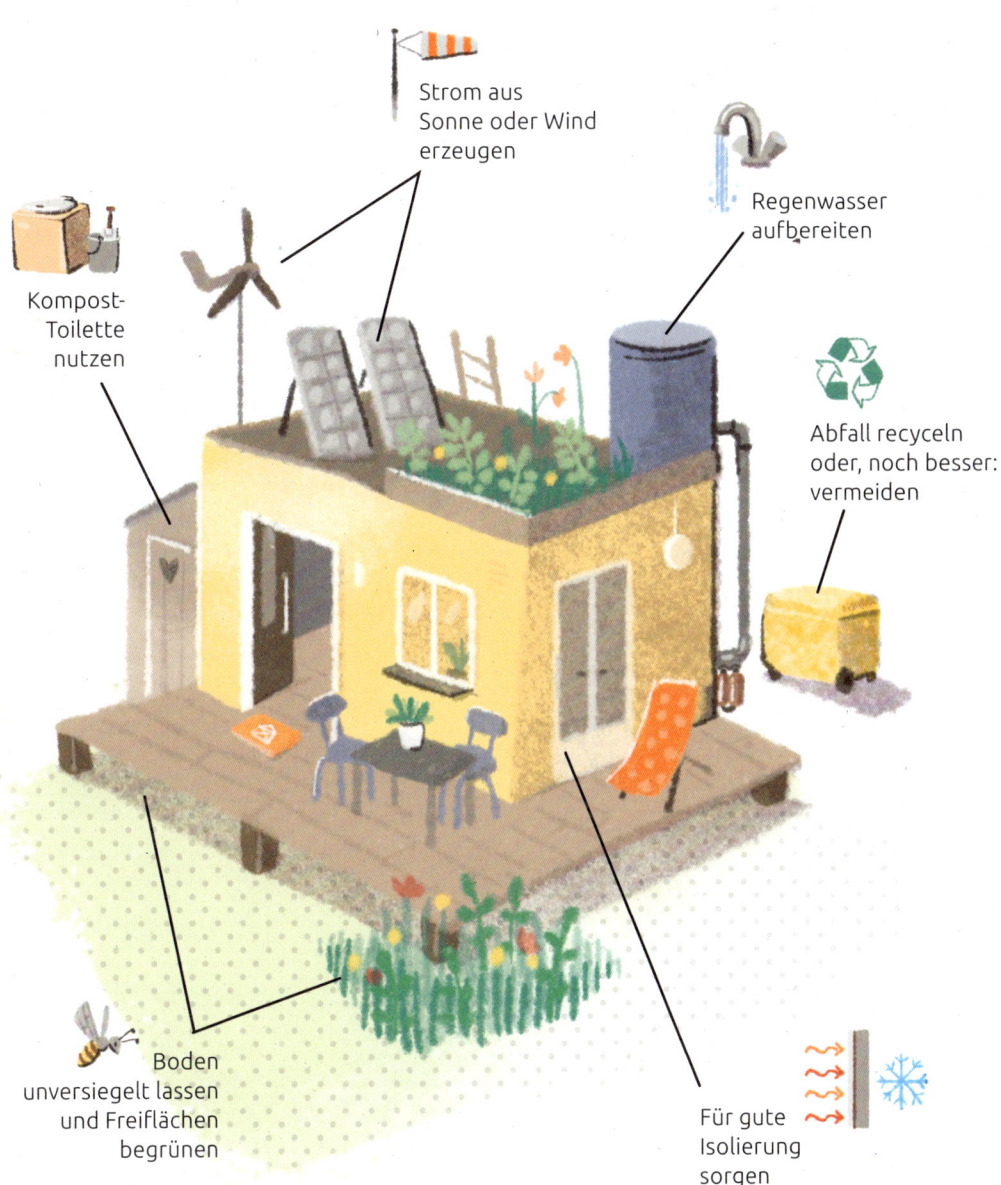

Strom aus
Sonne oder Wind
erzeugen

Regenwasser
aufbereiten

Kompost-
Toilette
nutzen

Abfall recyceln
oder, noch besser:
vermeiden

Boden
unversiegelt lassen
und Freiflächen
begrünen

Für gute
Isolierung
sorgen

Wenn man kein festes Zuhause hat

Über 600 000 Menschen in Deutschland haben keine Wohnung. Sie leben bei Freunden oder in Wohnheimen, die vom Staat bezahlt werden. Manche von ihnen haben gar kein Dach über dem Kopf, sie sind obdachlos. Dafür gibt es viele verschiedene Gründe. Einige Menschen haben ihre Arbeit verloren und deshalb kein Geld mehr, um die Miete zu bezahlen.

Früher hatte ich mal eine Videothek.

Andere sind krank und konnten das tägliche Leben nicht mehr bewältigen. Manche hatten noch nie einen festen Wohnsitz, wie zum Beispiel ehemalige Seeleute.

Nach dem Tod meiner Frau sind Waldi und ich hierhergezogen.

Nur wenige entscheiden sich bewusst für ein Leben auf der Straße. Vielleicht empfinden sie den Alltag in einer kleinen Wohnung zwischen Arbeiten, Fernsehen und Schlafen als eng.

Ich mag es, wenn ich nachts die Sterne sehen kann.

Auch Kinder und Jugendliche können obdachlos werden. Sie laufen weg, weil es in der Familie große Probleme gibt oder ihre Eltern sie so behandeln, dass sie es zu Hause nicht mehr aushalten.

Zu Hause gab's oft Stress. Deshalb wohne ich hier.

Obdachlose leben draußen. In Haus-
eingängen, unter Brücken oder in Bahnhöfen
suchen sie Schutz vor Kälte, Hitze, Regen
oder Schnee. Zum Waschen gehen sie auf
öffentliche Toiletten, manchmal auch an
Brunnen oder Flüsse. Alles, was sie besitzen,
tragen sie bei sich.

Sozialarbeiterinnen oder ehrenamtliche Helfer
versorgen Obdachlose mit nützlichen Dingen,
zum Beispiel mit Decken und Kleidung im Winter
und Mineralwasser und Sonnencreme im Sommer.
Sie schaffen Orte, wo man reden, sich austauschen
und einen heißen Kaffee trinken kann.

Wie geht es
Ihnen heute?

In Notunterkünften kann man schlafen oder
beim Duschen die Tür hinter sich zumachen.
Allerdings sind die Plätze oft schnell belegt,
deshalb gibt es in vielen Städten Wärmebusse,
die in kalten Nächten eine Anlaufstelle bieten.

Unsere Vorfahren waren Wanderer. Vor ungefähr
60 000 Jahren verließen sie den afrikanischen Konti-
nent und verteilten sich nach und nach über die Welt.
Noch viele Jahrtausende lang hatten Menschen
keine feste Bleibe. Sie lebten als Jäger und Sammler.
Sie zogen umher, immer der Beute nach.

Erst als sie lernten, Getreide anzubauen und Tiere zu
züchten, konnten die Menschen an einem Ort bleiben
und feste Häuser bauen. In Europa passierte das vor
ungefähr 7000 Jahren.

Nomaden haben keine festen Wohnungen oder Häuser. Sie ziehen immer dorthin, wo es Wasser und Futter für ihre Tiere gibt. Ihr Zuhause, ihre Familien und alles, was sie besitzen, nehmen die Nomaden mit. Sie leben in Zelten oder Hütten, die man schnell auf- und abbauen kann.

Zu den Nomadenvölkern gehören zum Beispiel die Beduinen und Tuareg, die in der Sahara leben, und viele mongolische Stämme. In den letzten Jahrzehnten sind immer mehr Nomaden sesshaft geworden, zum Beispiel, weil der Staat sie dazu zwingt oder weil das Leben an einem festen Ort, mit fließendem Wasser, Technik, Geschäften und ärztlicher Versorgung, Vorteile haben kann.

Sogenannte digitale Nomaden sind auf der ganzen Welt zu Hause und können von überall arbeiten. Sie brauchen dafür nur ihren Computer, ein Telefon und das Internet.

Wenn man sein Zuhause verlässt

Menschen, die an einen anderen Ort ziehen und sich
dort ein neues Zuhause suchen, werden zu Migranten.
Man könnte sie auch Wanderer nennen, denn der
Begriff stammt von dem lateinischen Wort *migrare*
(wandern) ab.

Wenn von Migration die Rede ist, zum Beispiel in der
Zeitung oder im Fernsehen, sind damit in der Regel
Menschen gemeint, die ihr Herkunftsland verlassen und
in ein anderes Land ziehen. Aber auch, wenn jemand
innerhalb eines Landes oder einer bestimmten Region
umzieht, ist das Migration.

In Deutschland ziehen rund neun Millionen Menschen pro Jahr um.

Neun Millionen Einwohner haben Berlin, Brandenburg und Sachsen zusammen!

Meist bleiben sie in der Nähe und ziehen in eine größere Wohnung oder ein schöneres Haus. Vielleicht möchten oder können sie nicht mehr allein leben und ziehen in eine Wohngemeinschaft oder ein Seniorenheim.

Ab 1964 auf Reisen

Dann: Wohnheim

Ab 1961: 5er-WG

Bis 1956: Auf dem Hof der Eltern

Seit 1965: Doppelhaushälfte

Im Durchschnitt zieht in Deutschland jeder 4,5-mal um.

Ungefähr jeder Vierte geht weiter weg.
Es kann sein, dass einen die Abenteuerlust
packt. Dass man sich verliebt und deshalb in
ein anderes Land oder eine andere Stadt
zieht. Dass man woanders eine spannende
Arbeit findet. Dass man sich nach der Sonne
sehnt. Oder nach Schnee. Nach Landluft
oder nach dem Stadtleben.

Warum müssen
wir für deine Arbeit
unbedingt in eine
andere Stadt
ziehen?

Immerhin
gibt es da
einen tollen
Fußballverein!

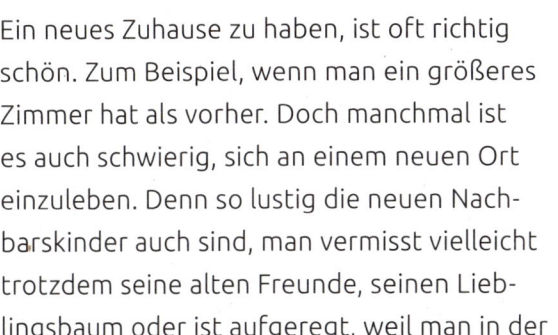

Ein neues Zuhause zu haben, ist oft richtig
schön. Zum Beispiel, wenn man ein größeres
Zimmer hat als vorher. Doch manchmal ist
es auch schwierig, sich an einem neuen Ort
einzuleben. Denn so lustig die neuen Nach-
barskinder auch sind, man vermisst vielleicht
trotzdem seine alten Freunde, seinen Lieblingsbaum oder ist aufgeregt, weil man in der
neuen Schule niemanden kennt.

Manche Menschen verlassen ihr Zuhause nicht
freiwillig, sondern weil sie in großer Not sind und
sich woanders ein besseres Leben erhoffen.

Sie gehen weg, weil sie in ihrem eigenen Land
ihre Meinung nicht sagen oder ihre Religion
nicht ausüben dürfen. Sie gehen weg, weil sie
so arm sind, dass sie hungern müssen oder ihre
Kinder nicht zur Schule gehen können. Sie fliehen
vor Krieg, Gewalt oder Naturkatastrophen, weil
sie sich und ihre Familien an einen sicheren Ort
bringen wollen.

In den letzten zehn Jahren hat sich die Zahl der
Geflüchteten verdoppelt. Zurzeit sind weltweit
mehr als 80 Millionen Menschen auf der Flucht,
also ungefähr so viele, wie in Deutschland
leben. Beinahe die Hälfte davon sind Kinder
oder Jugendliche.

Eine Flucht dauert oft Monate oder sogar Jahre und erfordert viel Mut. Viele Flüchtende müssen ihr Zuhause ganz plötzlich zurücklassen und können nur eilig ein paar Erinnerungsstücke mitnehmen. Manchmal fliehen Familien zusammen. Wenn Menschen allein unterwegs sind, hoffen sie vielleicht, ihre Familien später zu sich holen zu können.

5% aller Geflüchteten weltweit gelangen nach Europa.

48% aller Geflüchteten sind Binnenvertriebene und bleiben im eigenen Land.

Viele Geflüchtete suchen zunächst Schutz in Nachbarländern. Dort bleiben sie in überfüllten, behelfsmäßigen Unterkünften und warten darauf, irgendwann wieder heimkehren oder weiterreisen zu dürfen. Ganz gleich, wie weit Geflüchtete von zu Hause weggehen, ob sie im eigenen Land bleiben oder viele Länder durchqueren, alle haben etwas gemeinsam: Sie sehnen sich nach einem sicheren Zuhause. Ob und wo sie dieses Zuhause finden werden, das wissen sie nicht.

Ankommen und bleiben?

Ankunft

Äußerung des Asylbegehrens

Prüfung der Zuständigkeit

Persönlicher Antrag beim Bundesamt für Migration und Flüchtlinge (BAMF)

Registrierung

Deutschland nicht zuständig

Deutschland zuständig

Asylantrag wird abgelehnt

Überstellung in zuständiges Land

Persönliche Anhörung beim BAMF

Asylantrag wird angenommen

Mehr als 140 Länder haben sich in einem Abkommen
dazu bereit erklärt, Geflüchtete aufzunehmen.
In diesem Abkommen, der Genfer Flüchtlings-
konvention, steht auch, wer in anderen Ländern
Schutz bekommt. Das sind vor allem Menschen,
die in ihrem Herkunftsland verfolgt und bedroht
werden, zum Beispiel, weil sie eine bestimmte
Religion, Lebensweise oder Meinung haben.

Die meisten Menschen, die nach Deutschland fliehen,
kommen aus Syrien, Afghanistan und dem Irak. Bevor
sie sich ein neues Zuhause aufbauen können, wird
zunächst von Ämtern geprüft, ob sie als Flüchtlinge
anerkannt werden und ob sie für eine bestimmte Zeit
oder für immer bleiben dürfen. Das kann viele Monate
dauern. In der Zwischenzeit wohnen sie mit vielen
anderen in Gemeinschaftsunterkünften, in denen sie
mit dem Nötigsten versorgt werden.

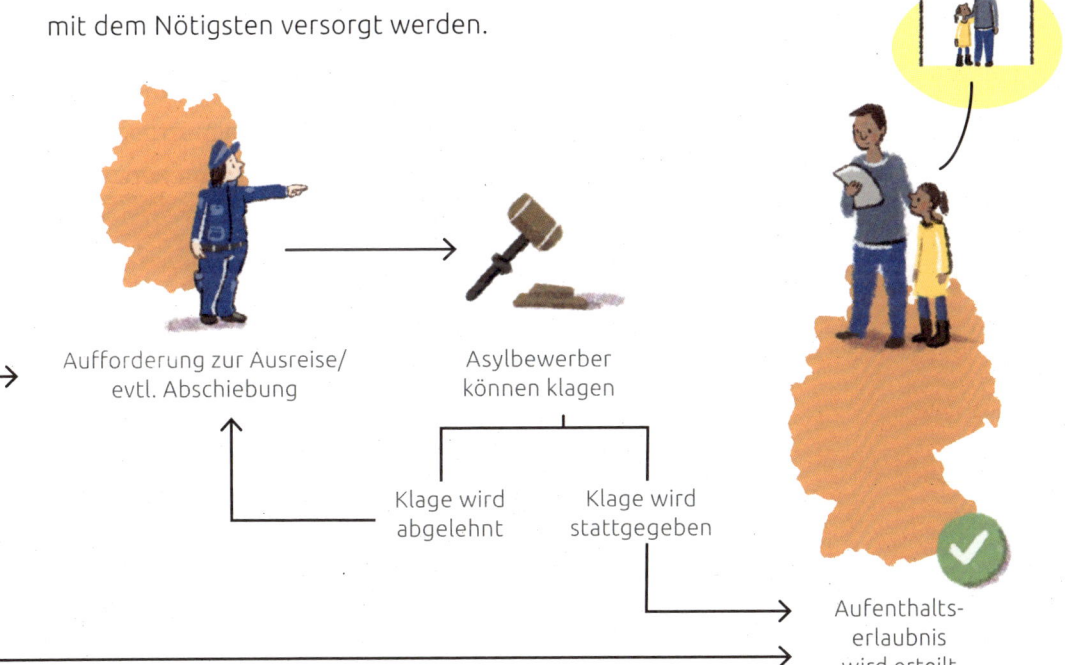

Aufforderung zur Ausreise/
evtl. Abschiebung

Asylbewerber
können klagen

Klage wird
abgelehnt

Klage wird
stattgegeben

Aufenthalts-
erlaubnis
wird erteilt

Es kann lange dauern, bis man sich in einem neuen Land zu Hause fühlt. Man muss eine neue Sprache lernen. Vielleicht sehen die Häuser anders aus. Das Wetter ist kälter oder wärmer. Andere Feste werden gefeiert. Das Essen schmeckt ungewohnt. Viele Einwanderer haben erst einmal Heimweh.

Deshalb ziehen Menschen, die neu in einem Land sind, häufig in Gegenden, in denen schon andere Menschen aus der gleichen Region leben. Denn eine vertraute Sprache zu hören, Erlebnisse und Erfahrungen auszutauschen, kann helfen, sich zurechtzufinden. Für die meisten Einwanderer bleiben diese Viertel aber nur eine vorübergehende Station.

Auswanderung ist oft eine ganze Bewegung. Die,
die zuerst angekommen sind, schreiben Briefe
und E-Mails, rufen an oder teilen ihre Erfahrungen
im Internet. Manchmal bringt das Freunde oder
Verwandte auf die Idee, ihnen zu folgen. Im
19. Jahrhundert wanderten ungefähr fünf Millionen
Deutsche nach Amerika aus, um dort ein neues
Zuhause zu suchen. Sie flohen vor Arbeitslosigkeit,
Armut und Hunger. 100 Millionen Briefe sind
in dieser Zeit nach Deutschland geschickt worden.

Da die Auswanderer in Amerika Siedlungen gründeten, die dann immer größer wurden, gibt es dort heute noch viele Städte mit deutschen Namen, zum Beispiel Stuttgart, Hamburg oder Augsburg.

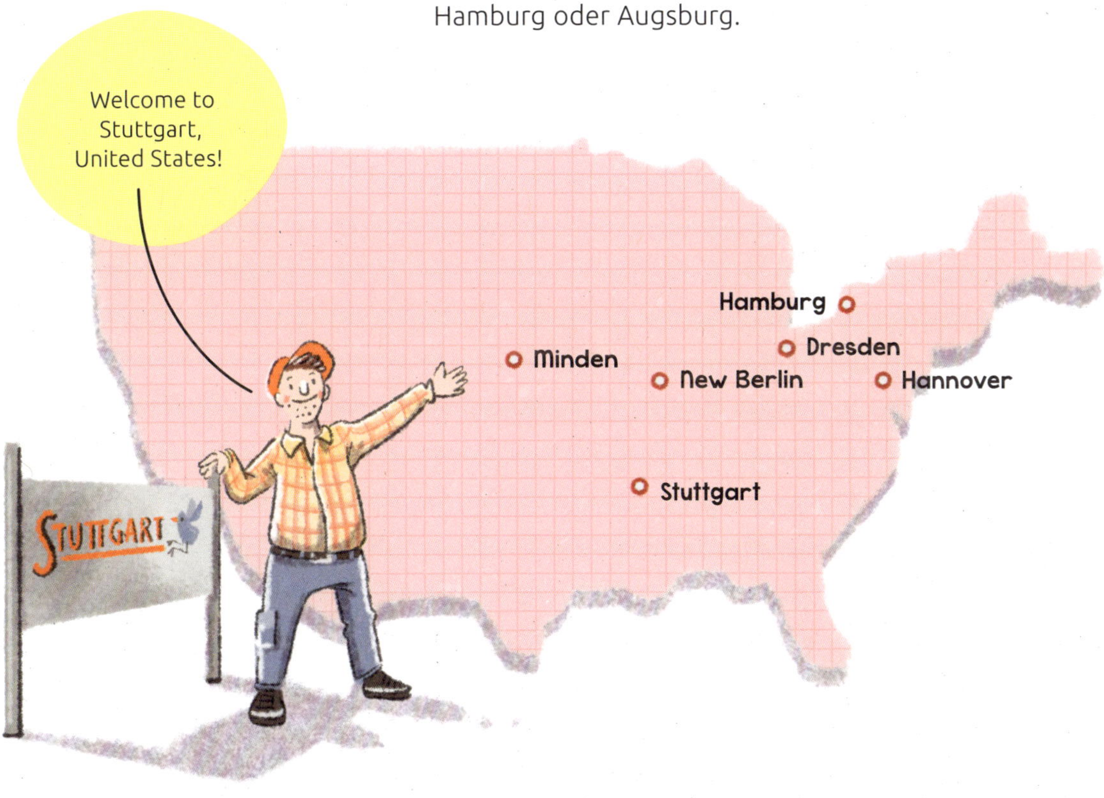

Jeder Vierte in Deutschland hat einen Migrationshintergrund. Mal durchzählen ...

Laut dem Statistischen Bundesamt haben Menschen einen Migrationshintergrund, wenn sie selbst oder mindestens ein Elternteil die deutsche Staatsangehörigkeit nicht durch Geburt besitzen. Das ist bei 25% aller Deutschen der Fall.

Als ich 1952 ankam, wollte ich zwei Jahre bleiben. Aber jetzt ist Deutschland unser Zuhause.

In den 1950er-Jahren wurden Männer aus Spanien, Italien oder der Türkei angeworben, da nach dem Zweiten Weltkrieg in Deutschland Arbeitskräfte fehlten. Einige von ihnen blieben. Mittlerweile sind schon ihre Kinder und Enkel in Deutschland zu Hause.

Auch heute fehlen in vielen Bereichen Arbeitskräfte. Die Deutschen bekommen weniger Kinder als früher und werden immer älter. Wenn viele Menschen in Rente gehen, kommen nicht genug Arbeitskräfte nach. Menschen aus anderen Ländern helfen, die freien Stellen zu besetzen. Sie arbeiten zum Beispiel in Pflegeberufen oder als Computerexpertinnen. Ungefähr 180 000 Deutsche pro Jahr gehen in ein anderes Land, um dort zu arbeiten und sich ein Zuhause aufzubauen.

Hierhin wandern deutsche Staatsbürger häufig aus:

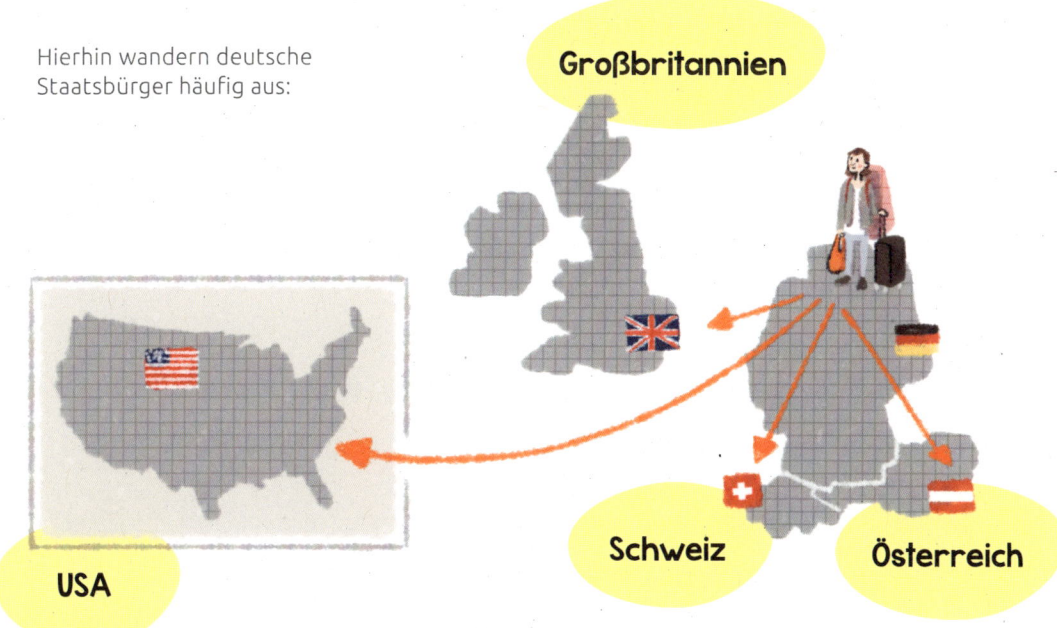

Großbritannien

USA

Schweiz

Österreich

Auch innerhalb von Ländern gibt es große Wander-
bewegungen. Nach dem Zweiten Weltkrieg wurde
Deutschland in zwei Staaten geteilt: die
Bundesrepublik Deutschland im Westen und
die Deutsche Demokratische Republik im Osten.

In der DDR durften die Menschen ihr Zuhause nicht
einfach dort haben, wo sie wollten. Auch anderes
war verboten, deshalb gingen etwa vier Millionen
Menschen nach Westdeutschland. Nur ein kleiner Teil
davon hatte die Erlaubnis, auszureisen, die meisten
sind geflohen. Als BRD und DDR 1990 wieder vereint
wurden, zogen viele Menschen auf der Suche nach
Arbeit, aus Neugier oder weil sie endlich wieder in der
Nähe ihrer Familie zu Hause sein wollten, von Ost nach
West. Mittlerweile ist es ganz normal, zu wohnen, wo
man möchte. Egal ob im Osten, Westen, Norden,
Süden oder irgendwo dazwischen.

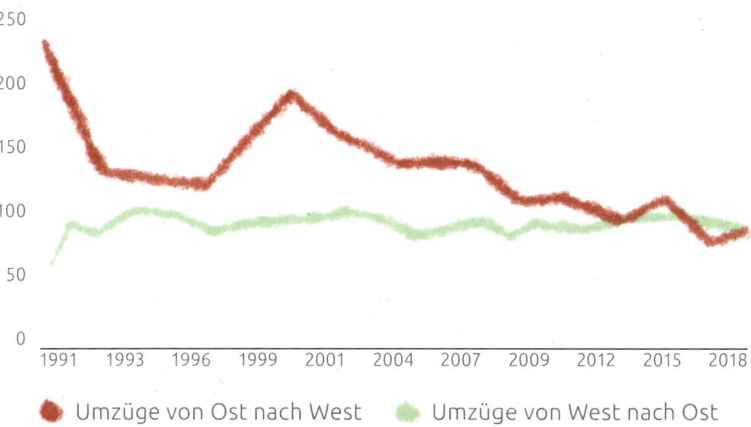

Es gab acht Grenzübergänge zwischen Ost- und Westberlin.

Wanderungen zwischen West- und Ostdeutschland (ohne Berlin)
1991–2018, in Tausend

🔴 Umzüge von Ost nach West	🟢 Umzüge von West nach Ost

Anders = komisch?

Menschen, die sich woanders ein neues Zuhause aufbauen möchten, bekommen es manchmal mit Vorurteilen zu tun. Auch wenn sie nur vom Land in die Stadt ziehen oder von Stuttgart nach Berlin. Vorurteile sind Meinungen über Menschen, die man gar nicht kennt.

Sieht man gleich, dass die Neue aus München kommt. Diese schicken Schuhe!

Für ein Mädchen spielst du echt gut!

Wenn man jemandem zum ersten Mal begegnet, versucht man, die Person einzuordnen. Weil man nicht viel übereinander weiß, benutzt man dafür oft unbewusst Informationen, die man aus dem Fernsehen, der Zeitung, dem Internet oder Erzählungen anderer Leute übernommen hat. Zum Beispiel, dass Menschen vom Land angeblich viel langweiliger sind als Stadtmenschen. Oder dass Schwaben immerzu putzen.

Wenn sich Vorurteile gegen Menschen einer bestimmten Herkunft oder Hautfarbe richten, dann nennt man das Rassismus.

Einwanderer oder Geflüchtete als große Gruppe zu betrachten und ihr bestimmte, oft schlechte, Eigenschaften zuzuordnen, ist rassistisch. Denn genauso wenig, wie es *die* Deutschen gibt, gibt es *die* Einwanderer. Überall gibt es laute und leise, lustige und ernste, schüchterne und forsche Menschen. Große und kleine Familien, Leute die Rot oder Blau oder beides mögen, die gerne lesen und noch lieber Fußball spielen. Jeder Mensch ist anders.

So toll, dass du so gut Deutsch sprichst.

Danke. Sie aber auch.

Mein Hund ist keine Beilage, klar? Hahahaha!

So was hätte es hier früher nicht gegeben.

Ist Federball eine neue Erfindung?

Der holt bestimmt gerade seine Sozialhilfe ab.

AUSZAHLUNG

Wenn Kinder mehrsprachig aufwachsen,
mischen sich im Familienalltag oft die Sprachen.

Sprache fühlt sich vertraut an. Sie erinnert einen an die Einschlafgeschichten, die Papa immer auf Spanisch erzählt, an die Geburtstagslieder, die Oma auf Bulgarisch singt, oder an das türkische Lieblingsgericht. Sprache gehört zum Zuhause-Gefühl dazu: egal, ob Papa und Mama verschiedene Sprachen sprechen und man selbst alle beide. Oder ob alle die gleiche Sprache sprechen wie in der Schule, in den Geschäften oder beim Arzt.

Wenn man in ein anderes Land zieht, muss man eine neue Sprache lernen, damit man Menschen kennenlernen, sich in der Schule zurechtfinden und sich irgendwann richtig zu Hause fühlen kann. Trotzdem kann man in der Familie weiter die Herkunftssprache sprechen: Denn spricht man eine Sprache gut, hilft das beim Lernen neuer Sprachen.

Ganz gleich, wo wir uns zu Hause fühlen, ob auf dem Land oder in der Stadt, an unserem Geburtsort oder ganz weit davon weg, ob im Kinderzimmer oder auf unserem Lieblingsbaum, ein Zuhause haben wir alle gemeinsam: die Erde. Wir teilen sie mit unzähligen Tieren und Pflanzen.

Wie wir leben, hat sich schon immer verändert und wird sich auch in Zukunft weiter verändern. Durch die Weiterentwicklung der Technik erscheint uns die Erde kleiner als früher. Reisen ist einfach, und selbst wenn wir zu Hause bleiben, können wir uns durch das Internet die ganze Welt ansehen und mit Menschen sprechen.

Wahrscheinlich werden wir in unseren Wohnungen immer mehr technische Möglichkeiten nutzen. Zum Beispiel Kühlschränke, die anzeigen, welche Lebensmittel schnell verbraucht werden müssen, oder Heizungen, die erkennen, ob sich jemand im Raum aufhält. Um die Umwelt zu schützen, und da es immer mehr Menschen auf der Welt gibt, werden unsere Häuser und Städte grüner und platzsparender. Und trotz aller Technik werden Menschen das Bedürfnis haben, zusammen zu sein, einander zu treffen und zu helfen. Sodass alle sich irgendwo zu Hause fühlen.

Mutig die Welt verstehen
mit unseren
nachhaltigen Sachbüchern

Kristina Scharmacher-Schreiber /
Stephanie Marian

Wie viel wärmer ist 1 Grad?

Was beim Klimawandel passiert
Beltz & Gelberg (75469)
Gebunden, 96 Seiten

✴ Deutsch-Französischer Jugendliteraturpreis 2020
✴ Gustav-Heinemann-Friedenspreis für Kinder- und
   Jugendbücher 2020
✴ Wissenschaftsbuch des Jahres 2020, Kategorie Junior-Wissen

Christina Steinlein / Mieke Scheier

Ohne Wasser geht nichts

Alles über den wichtigsten Stoff der Welt
Beltz & Gelberg (75565)
Gebunden, 96 Seiten

*»Eindringlich, lehrreich und spannend!
Einfach gelungen!«* — Deutsche Akademie
für Kinder- und Jugendliteratur

Gerda Raidt

Müll

Alles über die lästigste Sache der Welt
Beltz & Gelberg (81215)
Gebunden, 96 Seiten

»Klar und übersichtlich aufgebaut, sieht man hier sehr schön, dass das eigene Vermüllungsverhalten globale Folgen hat. Sehr empfehlenswert!« — 1001 Buch

Christina Steinlein / Anne Becker

Die ganze Welt steckt voller Energie

Alles über die Kraft, die uns antreibt
Beltz & Gelberg (75610)
Gebunden, 96 Seiten

Gerda Raidt

Das ist auch meine Welt

Wie können wir sie besser machen?
Beltz & Gelberg (75857)
Gebunden, 112 Seiten

»Ein großartiges Sachbuch, das gelungen Thema, Text und Illustration verbindet.« — Jury »Umwelt-Buchtipp des Monats«, Deutsche Akademie für Kinder- und Jugendliteratur, Mai 2021

www.beltz.de